Finance d'entreprise 2024/2025

Maîtriser la finance d'entreprise pour une succès durable

Lucas Brunier

SOMMAIRE

SOMMAIRE 2
Clause de non-responsabilité 4
INTRODUCTION 7
Chapitre 1 : Introduction à la finance d'entreprise 10
Chapitre 2 : États financiers et analyse 16
    a. Comprendre les bilans 16
    b. Répartition du compte de résultat 22
Chapitre 3 : Ratios et indicateurs financiers 28
    a. Ratios de liquidité 28
    b. Ratios de rentabilité 35
    c. Ratios de solvabilité 40
Chapitre 4 : Budgétisation et prévisions 44
    a. Créer un budget 44
    b. Techniques de prévision 49
    c. Analyse de variance 53
Chapitre 5 : Gestion du fonds de roulement 59
    a. Gestion des créances 59
    b. Gestion de l'inventaire 65
    c. Stratégie des comptes créditeurs 70
Chapitre 6 : Structure du capital et financement 78
    a. Coût du capital 78
    b. Effet de levier et risque 82

Chapitre 7 : Valorisation de l'Entreprise..................87

   a. Méthodes d'évaluation..87
   b. Analyse des flux de trésorerie actualisés 93
   c. Techniques d'évaluation du marché 99

Chapitre 8 : Fusions et acquisitions 105

   a. Stratégies de fusions et acquisitions..................105
   b. Vérifications nécessaires 111
   c. Intégration post-fusion..118

CONCLUSION 125

Clause de non-responsabilité

« Les insectes ne s'attaquent qu'aux lumières qui brillent »

Le présent texte est une Clause de non-responsabilité s'appliquant à l'intégralité de ce livre. Le lecteur est informé que l'ensemble du contenu de ce livre est fourni à titre non contractuel et strictement destiné à des fins purement informatives.

L'auteur de ce livre ne fournit aucune déclaration, aucun engagement ni aucune garantie d'aucune nature, implicite ou explicite, quant à l'exactitude, la véracité, la fiabilité, l'applicabilité, l'adéquation ou l'exhaustivité des informations présentes dans ce livre. Le contenu de ce livre est susceptible d'avoir été produit et ou traduit à l'aide de mécanismes automatisés. En aucun cas, l'auteur de ce livre ne saurait être tenu responsable de la présence d'imperfections, d'erreurs, d'omissions, ou de l'inexactitude du contenu proposé dans ce livre.

Aucune utilisation des informations présentes dans ce livre, de quelque manière que ce soit, ne saurait ouvrir droit à un quelconque dédommagement ou compensation quel qu'en soit sa nature.

L'auteur de ce livre ne saurait en aucun cas être tenu responsable, d'aucune manière, de tout dommage ou préjudice, de quelque nature que ce soit, direct ou indirect, lié ou non à la négligence, pouvant entre autres, découler de l'utilisation de quelque manière que ce soit des informations contenues dans ce livre, et ce, que l'auteur soit ou non avisé de la possibilité de tels dommages.

Le lecteur demeure, en toutes circonstances, le seul et l'unique responsable de l'utilisation et de l'interprétation des informations figurant dans le présent livre et des conséquences qui pourraient en découler.

Toute utilisation du contenu de ce livre de quelque manière que ce soit s'effectue aux risques et périls du lecteur uniquement et n'engage, en aucun cas, aucune responsabilité d'aucune sorte de l'auteur de ce livre.

Si le lecteur ne comprend pas un mot ou une phrase de la présente Clause de non-responsabilité, ou qu'il n'en accepte pas en partie ou pleinement les termes, il doit obligatoirement renoncer à toute utilisation de ce livre et s'engage à le supprimer ou le détruire sans délai.

INTRODUCTION

La finance d'entreprise englobe un large spectre d'activités, de l'analyse minutieuse des états financiers aux manœuvres stratégiques en matière de fusions et d'acquisitions. Cela implique l'évaluation critique des ratios financiers, la gestion prudente du fonds de roulement et l'évaluation sophistiquée de l'entreprise. Chacun de ces éléments contribue à l'objectif primordial de maximiser la valeur actionnariale tout en garantissant la stabilité et la croissance à long terme.

Ce livre est structuré pour fournir à la fois des connaissances fondamentales et des informations avancées sur la finance d'entreprise. Le voyage commence par une exploration des principes fondamentaux et de l'évolution du domaine, ouvrant la voie à une plongée plus approfondie dans les spécificités des états financiers, des ratios et des techniques budgétaires. Les lecteurs acquerront une compréhension approfondie de la manière de gérer la structure du capital d'une entreprise, de prendre des décisions d'investissement éclairées et de naviguer dans les complexités des fusions et acquisitions.

À une époque où les pratiques éthiques et la gouvernance d'entreprise font l'objet d'un examen minutieux, ce livre souligne l'importance de l'intégrité et de la transparence dans la gestion financière. Il explore les principes de gouvernance d'entreprise, le rôle du conseil d'administration et les considérations éthiques qui doivent guider la prise de décision financière.

De plus, les progrès rapides de la technologie financière (FinTech) transforment le paysage de la finance d'entreprise. Ce livre étudie les implications de la blockchain, de l'analyse du Big Data et d'autres innovations technologiques sur les pratiques financières.

Pour fournir des informations pratiques, le livre comprend une série d'études de cas mettant en évidence à la fois les stratégies financières réussies et les leçons tirées d'échecs notables. Ces exemples concrets illustrent l'application de concepts théoriques et soulignent l'importance de s'adapter aux tendances émergentes en finance.

Alors que vous vous lancez dans ce voyage à travers les domaines de la finance d'entreprise, n'oubliez pas que l'objectif ultime n'est pas seulement la prospérité financière, mais aussi le succès et la croissance durables de l'entreprise. Grâce aux connaissances acquises dans ce livre, vous serez bien préparé pour prendre des décisions financières éclairées qui contribueront à la santé et au succès à long terme de votre organisation.

Chapitre 1 : Introduction à la finance d'entreprise

Le fondement de la finance d'entreprise repose sur plusieurs principes financiers clés qui guident la prise de décision et la planification stratégique au sein d'une organisation. L'un des principes fondamentaux est la valeur temporelle de l'argent (TVM). Ce concept postule qu'une somme d'argent a une valeur différente aujourd'hui qu'elle n'aura à une date future en raison de sa capacité de gain potentiel.

Ce principe est essentiel pour actualiser les flux de trésorerie futurs à leur valeur actuelle, ce qui constitue une technique fondamentale dans l'évaluation et l'analyse des investissements. Par exemple, lorsqu'une entreprise envisage un projet d'investissement, les entrées de trésorerie futures attendues du projet doivent être actualisées à leur valeur actuelle pour déterminer si l'investissement produira un rendement satisfaisant par rapport à son coût.

Un autre principe central est le compromis risque-rendement, qui affirme qu'un retour sur investissement potentiel plus élevé s'accompagne généralement d'un risque plus élevé. Ce principe est essentiel pour les gestionnaires financiers lors de la construction d'un portefeuille ou de la prise de décisions d'investissement. Par exemple, investir dans des actions à forte croissance peut promettre des rendements importants, mais ces actions ont également tendance à présenter une plus grande volatilité que des investissements plus stables tels que les obligations d'État. Le défi pour les gestionnaires financiers est d'équilibrer ces investissements pour obtenir un portefeuille optimal qui correspond à la tolérance au risque et aux objectifs financiers de l'entreprise.

Le principe de diversification améliore encore le rapport risque-rendement en répartissant les investissements entre différents actifs afin de réduire l'exposition à un risque unique. La diversification réduit le risque non systématique, qui est le risque propre aux investissements individuels. Par exemple, une entreprise qui investit dans une combinaison de secteurs (technologie, soins de santé et énergie) peut atténuer l'impact négatif d'un ralentissement dans n'importe quel secteur. Ce principe est fondamental dans la théorie moderne du portefeuille, qui vise à construire un portefeuille offrant le rendement attendu le plus élevé pour un niveau de risque donné.

Les décisions en matière de structure du capital, résumées dans le principe de l'effet de levier, sont cruciales pour la stratégie financière d'une entreprise. L'effet de levier consiste à utiliser le capital emprunté pour augmenter le rendement potentiel des capitaux propres. Par exemple, une entreprise fortement endettée peut rencontrer des difficultés en période de ralentissement économique lorsque ses revenus chutent, ce qui peut conduire à une insolvabilité. Ainsi, les responsables financiers doivent judicieusement équilibrer l'utilisation de la dette et des capitaux propres pour optimiser la structure du capital et le coût du capital de l'entreprise.

Le principe des marchés efficaces affirme que les prix des actifs reflètent toutes les informations disponibles à un moment donné. Ce principe sous-tend l'hypothèse d'efficience du marché (EMH), qui a de profondes implications pour la finance d'entreprise. Dans un marché efficace, il est impossible d'obtenir systématiquement des rendements plus élevés sans assumer des risques supplémentaires, car les cours des actions intègrent et reflètent toujours toutes les informations pertinentes. Par exemple, si les résultats d'une entreprise sont meilleurs que prévu, le cours de l'action s'ajustera immédiatement pour refléter cette nouvelle information. Ce principe oblige les gestionnaires financiers à reconnaître qu'il est exceptionnellement difficile, voire impossible, de surperformer le marché de manière cohérente.

La liquidité est un autre principe financier clé, soulignant l'importance de disposer de suffisamment d'actifs liquides pour faire face aux obligations à court terme. La position de liquidité d'une entreprise est essentielle au maintien de la stabilité opérationnelle et de la flexibilité financière. Par exemple, une entreprise peut détenir des réserves de trésorerie ou des titres négociables pour s'assurer de pouvoir couvrir des dépenses imprévues ou profiter d'opportunités imprévues. Le maintien d'un niveau de liquidité adéquat contribue à prévenir l'insolvabilité et offre l'agilité nécessaire pour réagir rapidement à l'évolution des conditions du marché.

Enfin, le principe consistant à aligner les décisions financières sur la maximisation de la valeur actionnariale constitue l'objectif primordial de la finance d'entreprise. Selon ce principe, l'objectif principal d'une entreprise est de maximiser la richesse de ses actionnaires grâce à une gestion financière prudente. Chaque décision financière, qu'il s'agisse d'investir dans de nouveaux projets, de financement par emprunt ou par capitaux propres, ou de gérer les coûts opérationnels, doit être évaluée en fonction de son impact potentiel sur la valeur actionnariale. Par exemple, une décision de rachat d'actions peut être prise si l'on estime que les actions de la société sont sous-évaluées, offrant ainsi un rendement immédiat aux actionnaires et signalant la confiance de la direction dans les perspectives d'avenir de l'entreprise.

Chapitre 2 : États financiers et analyse

a. Comprendre les bilans

La gestion financière joue un rôle central pour assurer la stabilité économique et la croissance d'une organisation. Cela implique la planification stratégique, l'organisation, la direction et le contrôle des activités financières, telles que l'approvisionnement et l'utilisation des fonds. Une gestion financière efficace contribue à maintenir un flux de fonds équilibré, garantissant qu'il existe des ressources suffisantes pour faire face à la fois aux dettes à court terme et aux obligations à long terme. Par exemple, grâce à une gestion efficace des flux de trésorerie, une entreprise peut éviter les crises de liquidité et assurer le bon fonctionnement des opérations sans interruptions causées par des contraintes financières.

Un aspect fondamental de la gestion financière est la prise de décision en matière d'investissement, qui a un impact direct sur la rentabilité et la durabilité à long terme d'une entreprise. Les décisions d'investissement, ou budgétisation des investissements, impliquent l'évaluation et la sélection des projets qui génèrent le retour sur investissement le plus élevé par rapport à leur coût. Cela nécessite une analyse et des prévisions rigoureuses pour évaluer les avantages et les risques potentiels associés à chaque investissement. Par exemple, lorsqu'une entreprise manufacturière envisage d'augmenter sa capacité de production, les principes de gestion financière guident l'évaluation des flux de trésorerie attendus, de la demande potentielle du marché et des coûts associés afin de déterminer si l'expansion sera financièrement viable et s'alignera sur les objectifs stratégiques de l'entreprise.

Un autre élément essentiel de la gestion financière est le contrôle des coûts, qui vise à minimiser les dépenses et à améliorer l'efficacité sans compromettre la qualité. Grâce à une budgétisation méticuleuse et à une analyse des écarts, les responsables financiers identifient les domaines dans lesquels les coûts peuvent être réduits et mettent en œuvre des mesures pour contrôler les dépenses. Par exemple, une entreprise de vente au détail peut utiliser des techniques de gestion financière pour analyser les opérations de sa chaîne d'approvisionnement, identifier les inefficacités et négocier de meilleures conditions avec les fournisseurs afin de réduire les coûts. En gérant efficacement les coûts, les entreprises peuvent améliorer leurs marges bénéficiaires et leur position concurrentielle sur le marché.

La gestion des risques fait partie intégrante de la gestion financière, car elle implique l'identification, l'évaluation et l'atténuation des risques financiers qui pourraient nuire à l'organisation. Ces risques comprennent le risque de marché, le risque de crédit, le risque opérationnel et le risque de liquidité. Les gestionnaires financiers utilisent divers outils et stratégies, tels que la couverture, l'assurance et la diversification, pour protéger l'entreprise des pertes potentielles. Par exemple, une entreprise qui exporte des produits peut se protéger contre le risque de change en utilisant des contrats à terme pour bloquer les taux de change, stabilisant ainsi les flux de revenus futurs et réduisant l'incertitude.

Une gestion financière efficace joue également un rôle crucial dans les processus de planification stratégique et de prise de décision. En fournissant des informations et des analyses financières précises, les responsables financiers aident les dirigeants à prendre des décisions éclairées qui correspondent aux objectifs à long terme de l'entreprise. Par exemple, lorsqu'une entreprise technologique envisage de pénétrer un nouveau marché, la gestion financière donne un aperçu de la faisabilité financière, des rendements potentiels et des investissements requis, éclairant ainsi l'orientation stratégique. Cet alignement entre la gestion financière et la planification stratégique garantit que les ressources sont allouées efficacement et que les objectifs organisationnels sont atteints.

Maintenir la confiance des investisseurs est un autre avantage important d'une gestion financière solide. Les investisseurs et les parties prenantes s'appuient sur des informations financières précises et transparentes pour prendre des décisions éclairées concernant leurs investissements. Une gestion financière efficace garantit que les états financiers sont préparés conformément aux normes comptables et aux exigences réglementaires, reflétant la véritable situation financière et les performances de l'entreprise. Par exemple, une entreprise dotée de solides pratiques de gestion financière bénéficiera probablement d'une plus grande confiance des investisseurs, ce qui facilitera la mobilisation de capitaux sur les marchés d'actions ou de titres d'emprunt. Cet accès au capital est essentiel pour financer les initiatives de croissance et soutenir les opérations.

La gestion financière est également essentielle pour garantir le respect des exigences légales et réglementaires. Les entreprises opèrent dans un cadre de réglementation financière qui régit des activités telles que l'information financière, la fiscalité et la gouvernance d'entreprise. Une gestion financière efficace garantit qu'une entreprise respecte ces réglementations, évitant ainsi les sanctions légales et préservant sa réputation. Par exemple, le respect de la loi Sarbanes-Oxley aux États-Unis, qui impose des exigences strictes en matière d'information financière et de contrôle interne, est facilité par de saines pratiques de gestion financière. La conformité évite non seulement des amendes coûteuses, mais renforce également la crédibilité de l'entreprise auprès des parties prenantes, notamment les investisseurs, les clients et les organismes de réglementation.

b. Répartition du compte de résultat

Le compte de résultat, pierre angulaire de l'information financière, donne un aperçu complet de la performance financière d'une entreprise sur une période donnée. Il est structuré pour refléter les revenus, les dépenses et les bénéfices ou pertes encourus, offrant des informations essentielles sur l'efficacité opérationnelle et la rentabilité de l'entreprise. La principale composante du compte de résultat est le revenu, qui représente le revenu total généré par la vente de biens ou de services. Par exemple, une entreprise de vente au détail enregistre les revenus provenant de la vente de marchandises, tandis qu'une entreprise de services peut déclarer les frais liés aux services de conseil. Ce chiffre global est crucial car il ouvre la voie à une analyse plus approfondie de la santé financière de l'entreprise.

Directement après les revenus se trouve le coût des marchandises vendues (COGS), qui englobe tous les coûts directs associés à la production de biens ou de services vendus par l'entreprise. Cela comprend les dépenses telles que les matières premières, la main-d'œuvre et les frais généraux de fabrication. Par exemple, dans une entreprise manufacturière, le COGS comprendrait le coût des matières premières comme l'acier ou le plastique et les salaires versés aux ouvriers de l'usine. En soustrayant le COGS du chiffre d'affaires, on obtient le bénéfice brut, un indicateur clé de l'efficacité de l'entreprise dans la gestion des coûts de production par rapport à ses ventes.

Les dépenses d'exploitation, qui comprennent les frais de vente, généraux et administratifs (SG&A), sont un autre élément essentiel du compte de résultat. Ces dépenses couvrent un large éventail de coûts nécessaires au soutien des opérations quotidiennes de l'entreprise mais ne sont pas directement liées à la production de biens ou de services. Les exemples incluent les dépenses de marketing et de publicité, les salaires du personnel de l'entreprise et le loyer des bureaux. Une gestion efficace de ces dépenses est essentielle au maintien de la rentabilité. Par exemple, des dépenses SG&A excessives peuvent éroder la marge brute, ce qui souligne la nécessité de mesures strictes de contrôle des coûts.

Le résultat opérationnel, également appelé bénéfice d'exploitation ou EBIT, est calculé en soustrayant les dépenses d'exploitation du bénéfice brut. Cette mesure fournit une image claire de la performance opérationnelle de base de l'entreprise, excluant les effets du financement et les considérations fiscales. Par exemple, si une entreprise technologique déclare un bénéfice d'exploitation élevé, cela suggère que ses activités principales, telles que le développement et la vente de logiciels, génèrent des revenus suffisants pour couvrir ses coûts d'exploitation et contribuer à la rentabilité globale. Cette mesure est cruciale pour évaluer l'efficacité et le potentiel de croissance durable de l'entreprise.

Les éléments hors exploitation, qui comprennent les revenus et les dépenses non liés aux principales activités commerciales de la société, sont également présentés au compte de résultat. Il peut s'agir de dépenses, de gains ou de pertes sur investissements et d'autres revenus ou dépenses divers.

Le compte de résultat tient également compte des impôts, qui sont soustraits du résultat avant impôts pour déterminer le résultat net. Les impôts peuvent avoir un impact significatif sur la rentabilité d'une entreprise, et une gestion fiscale efficace est cruciale pour maximiser le bénéfice net. Par exemple, les entreprises recourent souvent à diverses stratégies, telles que les crédits d'impôt et les déductions, pour minimiser leur obligation fiscale. Comprendre la charge fiscale et ses implications est essentiel pour que les parties prenantes puissent évaluer la rentabilité après impôts et la santé financière globale de l'entreprise.

Enfin, le bénéfice net, souvent appelé résultat net, représente le bénéfice total de l'entreprise après que toutes les dépenses, y compris le COGS, les dépenses d'exploitation, les éléments hors exploitation et les taxes, ont été déduites du chiffre d'affaires total. Ce chiffre est un indicateur clé de la performance financière globale d'une entreprise et est étroitement surveillé par les investisseurs et les analystes. Par exemple, une augmentation constante du bénéfice net au cours de périodes successives signale de solides performances commerciales et peut entraîner une appréciation du cours des actions. À l'inverse, une baisse du bénéfice net peut indiquer des problèmes sous-jacents qui nécessitent l'attention de la direction. Ainsi, le bénéfice net sert de référence essentielle pour évaluer la rentabilité et la viabilité à long terme d'une entreprise.

Chapitre 3 : Ratios et indicateurs financiers

a. Ratios de liquidité

Le tableau des flux de trésorerie est un document financier essentiel qui fournit un compte rendu détaillé des entrées et sorties de trésorerie au sein d'une entreprise sur une période déterminée. Il est divisé en trois sections principales : les activités d'exploitation, les activités d'investissement et les activités de financement. Cette déclaration est cruciale pour évaluer la liquidité et la flexibilité financière d'une organisation, car elle révèle dans quelle mesure une entreprise peut générer des liquidités pour remplir ses obligations et financer ses opérations.

Les flux de trésorerie liés aux activités opérationnelles constituent la première section du tableau des flux de trésorerie, reflétant les transactions de trésorerie liées aux opérations principales. Cette section ajuste le résultat net des éléments hors trésorerie et des variations du fonds de roulement. Par exemple, il comprend les ajustements pour dépréciation et amortissement, qui sont des dépenses hors trésorerie, ainsi que les variations des comptes débiteurs, des stocks et des comptes créditeurs. Un flux de trésorerie positif provenant des activités d'exploitation indique que l'activité principale de l'entreprise génère suffisamment de liquidités pour soutenir ses opérations, payer ses dettes et investir dans la croissance. Par exemple, une chaîne de vente au détail affichant de solides flux de trésorerie liés à l'exploitation suggère de solides performances commerciales et une gestion efficace des créances et des stocks.

La deuxième section du tableau des flux de trésorerie, les flux de trésorerie provenant des activités d'investissement, détaille les liquidités utilisées ou générées par les transactions d'investissement. Cela comprend l'achat et la vente d'actifs à long terme tels que des immobilisations corporelles et des titres. Par exemple, si une entreprise technologique investit dans de nouveaux équipements pour améliorer sa capacité de production, cette dépense sera enregistrée comme une sortie de trésorerie dans la section des activités d'investissement. À l'inverse, la vente d'une machine ou la cession d'une filiale serait enregistrée comme une entrée de trésorerie. Cette section est essentielle pour comprendre comment une entreprise alloue son capital pour soutenir la croissance à long terme et les initiatives stratégiques.

Les flux de trésorerie liés aux activités de financement constituent la troisième section, capturant les mouvements de trésorerie liés au financement de l'entreprise. Cela comprend les transactions impliquant le paiement de dettes, de capitaux propres et de dividendes. Par exemple, l'émission de nouvelles actions ou l'obtention d'un prêt entraînent des entrées de trésorerie, tandis que le remboursement d'emprunts ou la distribution de dividendes entraînent des sorties de trésorerie. Une entreprise bénéficiant d'importantes entrées de trésorerie provenant d'activités de financement pourrait lever des capitaux pour financer son expansion ou d'autres projets importants, tandis que des sorties de trésorerie constantes dans cette section pourraient indiquer de lourds remboursements de dettes ou des politiques de dividendes généreuses. Par exemple, une startup peut afficher des entrées de trésorerie élevées provenant d'investissements en capital-risque, tandis qu'une entreprise mature peut afficher des sorties de fonds dues aux paiements réguliers de dividendes.

Le rapprochement de l'augmentation ou de la diminution nette de la trésorerie, qui correspond à la somme des flux de trésorerie liés aux activités d'exploitation, d'investissement et de financement, fournit la variation nette de la trésorerie pour la période. Ce chiffre, ajouté au solde de trésorerie d'ouverture, donne le solde de trésorerie de clôture. Par exemple, si une entreprise démarre avec un solde de trésorerie de 1 million de dollars et que l'augmentation nette de la trésorerie au cours de la période est de 200 000 dollars, le solde de trésorerie de clôture serait de 1,2 million de dollars. Ce chiffre final du tableau des flux de trésorerie aide les parties prenantes à évaluer la position globale de liquidité de l'entreprise à la fin de la période de reporting.

L'analyse du tableau des flux de trésorerie permet aux parties prenantes d'avoir un aperçu de la santé financière et de l'efficacité opérationnelle de l'entreprise. Des flux de trésorerie positifs provenant des activités d'exploitation, associés à des décisions d'investissement et de financement prudentes, indiquent généralement une situation financière solide. Par exemple, une entreprise générant des flux de trésorerie constants provenant de ses opérations et investissant dans des opportunités de croissance sans trop dépendre du financement externe fait preuve d'une gestion financière solide. À l'inverse, un flux de trésorerie négatif provenant des opérations peut signaler des problèmes opérationnels sous-jacents, ce qui incite à un examen plus approfondi des stratégies de génération de revenus et de gestion des dépenses de l'entreprise.

Le tableau des flux de trésorerie est également un outil essentiel pour évaluer la capacité d'une entreprise à faire face à ses obligations à court et à long terme. Pour les créanciers et les investisseurs, des flux de trésorerie positifs et stables provenant des activités d'exploitation sont souvent considérés comme un signe de stabilité financière et de solvabilité. Par exemple, une entreprise manufacturière qui génère constamment d'importantes liquidités grâce à ses opérations est susceptible d'être plus capable d'assurer le service de sa dette et de financer ses dépenses en capital. Cette fiabilité de la génération de liquidités peut renforcer la confiance des investisseurs et potentiellement conduire à des conditions plus favorables dans les futurs accords de financement.

De plus, le tableau des flux de trésorerie offre de la transparence et aide à détecter les signaux d'alarme potentiels qui pourraient ne pas être apparents à partir du seul compte de résultat ou du bilan. Par exemple, une entreprise déclarant un bénéfice net élevé mais un faible flux de trésorerie provenant de ses activités d'exploitation pourrait rencontrer des problèmes de comptes clients ou de comptabilisation des revenus. De tels écarts justifient une enquête plus approfondie pour comprendre les causes sous-jacentes et évaluer la qualité des bénéfices. Ce niveau de contrôle garantit que les parties prenantes ont une compréhension globale de la dynamique financière de l'entreprise, permettant une prise de décision et une planification stratégique éclairées.

b. Ratios de rentabilité

Les ratios de rentabilité sont des indicateurs essentiels de la performance financière d'une entreprise, offrant un aperçu de sa capacité à générer des bénéfices par rapport aux ventes, aux actifs et aux capitaux propres. L'un des ratios de rentabilité les plus fondamentaux est la marge bénéficiaire brute, qui mesure le pourcentage des revenus qui dépasse le coût des marchandises vendues (COGS). Ce ratio est calculé en divisant le bénéfice brut par le chiffre d'affaires total et en multipliant par 100. Par exemple, si une entreprise réalise un bénéfice brut de 500 000 $ sur 1 000 000 $ de ventes, sa marge bénéficiaire brute est de 50 %. Une marge bénéficiaire brute plus élevée indique une production efficace et des stratégies de prix solides, essentielles au maintien de la compétitivité sur le marché.

La marge bénéficiaire d'exploitation est un autre ratio de rentabilité critique, reflétant le pourcentage des revenus qui reste après déduction de toutes les dépenses d'exploitation. Ce ratio est obtenu en divisant le bénéfice d'exploitation par le chiffre d'affaires total et en multipliant par 100. Par exemple, si le bénéfice d'exploitation d'une entreprise est de 200 000 $ sur 1 000 000 $ de ventes, sa marge bénéficiaire d'exploitation est de 20 %. Ce ratio est crucial car il met en évidence l'efficacité des opérations de base de l'entreprise, hors effets de financement et de charges fiscales. Une marge bénéficiaire d'exploitation plus élevée indique que l'entreprise contrôle efficacement ses coûts d'exploitation et maximise son bénéfice d'exploitation.

La marge bénéficiaire nette, un ratio de rentabilité global, mesure le pourcentage des revenus qui reste sous forme de revenu net après déduction de toutes les dépenses, y compris les impôts. Il est calculé en divisant le bénéfice net par le chiffre d'affaires total et en multipliant par 100. Par exemple, si une entreprise déclare un bénéfice net de 100 000 $ sur 1 000 000 $ de ventes, sa marge bénéficiaire nette est de 10 %. Ce ratio offre une vision globale de la rentabilité de l'entreprise, prenant en compte tous les aspects de ses opérations financières. Une marge bénéficiaire nette plus élevée signifie une santé financière globale solide et une gestion efficace des coûts, renforçant ainsi l'attractivité de l'entreprise pour les investisseurs.

Le retour sur actifs (ROA) est un autre ratio de rentabilité essentiel, évaluant l'efficacité avec laquelle une entreprise utilise ses actifs pour générer des bénéfices. Ce ratio est calculé en divisant le bénéfice net par l'actif total et en multipliant par 100. Par exemple, si une entreprise a un bénéfice net de 100 000 $ et un actif total de 1 000 000 $, son ROA est de 10 %. Le ROA joue un rôle déterminant dans l'évaluation de l'efficacité de l'utilisation des actifs ; des valeurs de ROA plus élevées indiquent que l'entreprise est apte à convertir ses investissements dans des actifs en résultats rentables. Ce ratio est particulièrement utile pour comparer les entreprises des secteurs à forte intensité de capital, où une gestion efficace des actifs est cruciale pour maintenir la rentabilité.

Le retour sur capitaux propres (ROE) mesure la rentabilité par rapport aux capitaux propres, indiquant dans quelle mesure l'entreprise génère des retours sur l'investissement réalisé par ses actionnaires. Ce ratio est calculé en divisant le résultat net par les capitaux propres et en multipliant par 100. Par exemple, si une entreprise a un bénéfice net de 100 000 $ et des capitaux propres de 500 000 $, son ROE est de

20 %. Le ROE est un indicateur clé de la performance financière du point de vue des actionnaires, car il révèle l'efficacité avec laquelle leur capital est utilisé pour générer des bénéfices. Des valeurs de ROE plus élevées sont généralement considérées comme positives, reflétant une gestion efficace et de solides performances financières.

Un autre ratio de rentabilité important est le retour sur investissement (ROI), qui mesure le gain ou la perte généré sur un investissement par rapport à son coût. Le retour sur investissement est calculé en divisant le bénéfice net de l'investissement par le coût de l'investissement et en multipliant par 100. Par exemple, si une entreprise investit 100 000 $ dans un projet qui génère un bénéfice net de 20 000 $, le retour sur investissement est de 20 %. Ce ratio est essentiel pour évaluer l'efficacité des investissements et orienter les décisions d'investissement futures. Des valeurs de retour sur investissement élevées indiquent que l'entreprise fait des choix d'investissement rentables, contribuant ainsi à sa réussite financière globale et à sa croissance stratégique.

c. Ratios de solvabilité

Les ratios de solvabilité sont des indicateurs financiers essentiels qui évaluent la capacité d'une entreprise à honorer ses dettes à long terme et à assurer sa stabilité financière à long terme. L'un des ratios de solvabilité les plus fondamentaux est le ratio d'endettement, qui mesure la proportion du financement par emprunt par rapport aux capitaux propres. Ce ratio est calculé en divisant le total du passif par les capitaux propres. Par exemple, si une entreprise a un passif total de 500 000 $ et des capitaux propres de 1 000 000 $, son ratio d'endettement est de 0,5. Un ratio inférieur indique généralement une entreprise plus stable financièrement et moins dépendante de l'endettement, tandis qu'un ratio plus élevé peut suggérer un risque financier plus élevé en raison de niveaux d'endettement accrus.

Le ratio de fonds propres est une mesure de solvabilité qui compare le total des capitaux propres d'une entreprise à son actif total, indiquant la proportion d'actifs financés par les capitaux propres. Ce ratio est calculé en divisant le total des capitaux propres par le total de l'actif. Par exemple, si une entreprise a des capitaux propres totaux de 800 000 $ et un actif total de 1 200 000 $, son ratio de capitaux propres est de 0,67, soit 67 %. Un ratio de fonds propres plus élevé implique que l'entreprise s'appuie davantage sur le financement par capitaux propres, ce qui indique généralement un risque financier plus faible que le financement par emprunt. Les entreprises ayant des ratios de fonds propres élevés sont considérées comme plus solvables, car elles disposent d'une base de fonds propres solide pour soutenir leurs opérations et leur croissance future.

Le taux d'endettement, qui mesure la proportion des actifs d'une entreprise financés par la dette, est un autre ratio de solvabilité important. Il est calculé en divisant le total du passif par le total de l'actif. Par exemple, si une entreprise a un passif total de 400 000 $ et un actif total de 1 000 000 $, son taux d'endettement est de 0,4, soit 40 %. Un taux d'endettement inférieur suggère que l'entreprise a une proportion de dette plus faible dans sa structure de capital, réduisant ainsi le risque financier et augmentant sa solvabilité. À l'inverse, un taux d'endettement plus élevé indique un plus grand recours au financement par emprunt, ce qui peut susciter des inquiétudes quant à la capacité de l'entreprise à gérer et à rembourser ses dettes.

Enfin, le ratio flux de trésorerie sur dette évalue la capacité de l'entreprise à couvrir sa dette totale avec ses flux de trésorerie opérationnels.

Ce ratio est calculé en divisant le cash-flow opérationnel par la dette totale. Par exemple, si une entreprise a un flux de trésorerie opérationnel de 600 000 $ et une dette totale de 1 200 000 $, son ratio flux de trésorerie/endettement est de 0,5. Ce ratio est crucial pour comprendre la liquidité et la solvabilité à long terme de l'entreprise, car il met en évidence la capacité à générer des flux de trésorerie suffisants pour assurer le service de la dette. Un ratio plus élevé indique que l'entreprise génère des flux de trésorerie suffisants pour couvrir sa dette, améliorant ainsi sa solvabilité et réduisant le risque de difficultés financières.

Chapitre 4 : Budgétisation et prévisions

a. Créer un budget

La création d'un budget est un processus fondamental de la planification financière qui implique l'estimation des revenus et dépenses futurs pour assurer la stabilité financière et atteindre les objectifs organisationnels. La première étape de la création d'un budget consiste à identifier et à projeter toutes les sources potentielles de revenus. Cela nécessite une analyse complète des performances passées, des tendances du marché et des conditions économiques. Par exemple, une entreprise manufacturière peut prévoir ses ventes sur la base de données historiques, de la demande anticipée du marché et du paysage concurrentiel. Des projections précises des revenus sont essentielles car elles constituent la base de la planification des dépenses et de la définition des objectifs financiers.

Une fois les projections de revenus établies, l'étape suivante consiste à catégoriser et à estimer toutes les dépenses prévues. Les dépenses sont généralement divisées en coûts fixes et variables. Les coûts fixes, tels que le loyer et les salaires, restent constants quels que soient les niveaux de production, tandis que les coûts variables, tels que les matières premières et les services publics, fluctuent en fonction du volume de production. Par exemple, une entreprise de vente au détail budgétiserait les dépenses fixes telles que les baux des magasins et les salaires administratifs, ainsi que les coûts variables tels que les achats de stocks en fonction des ventes projetées. La catégorisation détaillée des dépenses garantit que toutes les sorties potentielles sont prises en compte, évitant ainsi les déficits budgétaires et permettant une gestion efficace des coûts.

Après avoir estimé les revenus et les dépenses, le processus budgétaire consiste à créer un plan financier détaillé qui correspond aux objectifs stratégiques de l'organisation. Ce plan comprend souvent des objectifs financiers spécifiques, tels que des objectifs de profit, des initiatives de réduction des coûts ou des plans d'investissement. Par exemple, une entreprise technologique peut consacrer une partie importante de son budget à la recherche et au développement (R&D) pour stimuler l'innovation et conserver un avantage concurrentiel. L'alignement du budget sur les objectifs stratégiques garantit que les ressources sont allouées efficacement et soutient la réalisation des objectifs à long terme.

Le suivi et le contrôle du budget sont un processus continu qui nécessite un examen et des ajustements réguliers. Cela implique de comparer les performances réelles aux chiffres budgétisés pour identifier les écarts et prendre des mesures correctives. Par exemple, si les ventes réelles d'une entreprise sont inférieures aux prévisions, elle devra peut-être ajuster ses dépenses de marketing ou d'autres coûts variables pour s'aligner sur la baisse des revenus. Les examens budgétaires réguliers contribuent à maintenir la discipline financière et fournissent des signes avant-coureurs de problèmes financiers potentiels, permettant ainsi une gestion proactive et une prise de décision rapide.

Un aspect essentiel de la budgétisation consiste à impliquer les principales parties prenantes dans le processus afin de garantir l'exactitude et l'adhésion. Cela inclut les chefs de service, les gestionnaires et les agents financiers qui donnent leur avis et conviennent des allocations budgétaires pour leurs domaines respectifs. Par exemple, le service marketing contribuerait à l'estimation des dépenses promotionnelles, tandis que le service production prévoirait les coûts de fabrication. La collaboration et la communication au sein de l'organisation améliorent l'exactitude des estimations budgétaires et favorisent un sentiment d'appropriation et de responsabilité quant au respect du budget.

Enfin, une budgétisation efficace intègre également une planification d'urgence pour se préparer aux événements imprévus et aux incertitudes. Cela implique de mettre de côté un fonds de prévoyance ou de créer des scénarios budgétaires flexibles pour faire face aux dépenses inattendues ou aux fluctuations des revenus. Par exemple, une entreprise peut allouer une partie de son budget à un fonds d'urgence pour couvrir des perturbations potentielles telles qu'un ralentissement économique ou des problèmes de chaîne d'approvisionnement. La planification d'urgence fournit un filet de sécurité financière, garantissant que l'organisation peut relever les défis sans compromettre sa stabilité financière ou ses objectifs stratégiques.

b. Techniques de prévision

Les techniques de prévision sont des outils essentiels utilisés dans les processus de planification financière et de prise de décision pour prédire les tendances, les résultats ou les événements futurs sur la base de données et d'analyses historiques. Une technique couramment utilisée est la prévision quantitative, qui s'appuie sur des modèles mathématiques et des méthodes statistiques pour prédire les valeurs futures. Par exemple, l'analyse des séries chronologiques examine les données historiques pour identifier des modèles et des tendances qui peuvent être extrapolés pour prévoir les résultats futurs. Cette technique est particulièrement utile pour prédire les volumes de ventes, les cours des actions et d'autres variables quantitatives cruciales à des fins de planification financière et de budgétisation.

Les méthodes de prévision qualitatives, quant à elles, s'appuient sur le jugement d'experts, la connaissance du marché et des évaluations subjectives pour prédire les évolutions futures. Cette approche est souvent utilisée dans les situations où les données historiques sont limitées ou peu fiables, par exemple pour prévoir le lancement de nouveaux produits ou l'entrée sur de nouveaux marchés. Par exemple, les études de marché et les groupes de discussion sont des techniques qualitatives qui recueillent les informations des clients et des experts du secteur pour prévoir les préférences des consommateurs et la demande du marché. Les prévisions qualitatives fournissent des informations qualitatives précieuses qui complètent les analyses quantitatives, offrant une vue plus complète des scénarios futurs.

L'analyse de scénarios est une autre technique de prévision puissante qui implique la création de plusieurs scénarios basés sur différentes hypothèses et variables. Cette technique permet d'évaluer l'impact de divers résultats potentiels et incertitudes sur la performance financière de l'organisation.

La prévision de moyenne mobile est une technique statistique qui atténue les fluctuations des données pour identifier les tendances au fil du temps. Il calcule les moyennes des points de données récents sur une période de temps spécifiée et les utilise pour prévoir les valeurs futures. Par exemple, une moyenne mobile sur trois mois pour les données de ventes calculerait la moyenne des ventes des trois derniers mois pour prédire les ventes du mois suivant. Cette technique est efficace pour identifier les tendances et les modèles saisonniers dans les données, fournissant ainsi des informations sur les performances futures basées sur les tendances historiques récentes.

L'analyse de régression est une technique statistique sophistiquée utilisée pour identifier les relations entre les variables et prédire les résultats futurs. Il analyse l'impact d'une ou plusieurs variables indépendantes sur une variable dépendante, permettant la création de modèles prédictifs. Par exemple, une entreprise de vente au détail peut utiliser une analyse de régression pour prédire les ventes en fonction de facteurs tels que les dépenses publicitaires, les indicateurs économiques et les tendances saisonnières. En comprenant ces relations, les organisations peuvent prendre des décisions basées sur les données pour optimiser l'allocation des ressources et améliorer la précision des prévisions.

Enfin, la modélisation économétrique combine la théorie économique avec des techniques statistiques pour prévoir des variables économiques telles que la croissance du PIB, les taux d'inflation et les taux de chômage. Cette technique utilise des données historiques et des indicateurs économiques pour créer des modèles complexes qui simulent les relations économiques et prédisent les résultats futurs. Par exemple, les banques centrales et les agences gouvernementales utilisent des modèles économétriques pour prévoir les tendances économiques et formuler des politiques monétaires et budgétaires. La modélisation économétrique fournit des informations précieuses sur l'environnement économique plus large, permettant aux organisations d'anticiper les changements économiques et d'ajuster leurs stratégies en conséquence.

c. Analyse de variance

L'analyse des écarts est une approche systématique utilisée en gestion financière pour comparer les résultats financiers réels aux chiffres prévus ou budgétisés. Il s'agit d'analyser les différences, ou écarts, entre les performances attendues et réelles d'une entreprise, d'un service ou d'un projet. Cette technique est cruciale pour évaluer l'efficacité des plans financiers, identifier les domaines d'amélioration et prendre des décisions éclairées pour améliorer les performances organisationnelles. L'analyse des écarts est généralement effectuée sur des indicateurs financiers clés tels que les revenus, les dépenses et les bénéfices, fournissant ainsi un aperçu des facteurs sous-jacents qui influencent les résultats financiers.

Il existe deux principaux types d'écarts dans l'analyse des écarts : les écarts favorables et les écarts défavorables. Un écart favorable se produit lorsque les résultats financiers réels dépassent de manière bénéfique les chiffres budgétisés ou attendus. Par exemple, si une entreprise manufacturière budgétise 100 000 $ pour les coûts des matières premières mais ne dépense que 90 000 $ en raison de contrats fournisseurs avantageux ou d'une gestion efficace des stocks, cela entraîne un écart favorable de 10 000 $. Les écarts favorables mettent en évidence les domaines dans lesquels l'organisation a obtenu de meilleurs résultats que prévu, permettant à la direction de renforcer les stratégies efficaces et d'allouer les ressources plus efficacement.

À l'inverse, un écart défavorable survient lorsque les résultats financiers réels sont inférieurs aux chiffres budgétisés ou attendus, ce qui entraîne des coûts supplémentaires ou une réduction des revenus. Par exemple, si un magasin de détail prévoit un budget de 50 000 $ pour les dépenses publicitaires mais finit par dépenser 60 000 $ en raison de campagnes marketing ou de coûts promotionnels plus élevés que prévu, cela crée un écart défavorable de 10 000 $. Les écarts défavorables signalent les domaines dans lesquels des mesures correctives peuvent être nécessaires pour remédier aux inefficacités ou aux défis inattendus, tels que les dépassements de coûts ou les déficits de revenus. En identifiant et en analysant ces écarts, la direction peut mettre en œuvre des stratégies pour atténuer les impacts négatifs et améliorer les performances financières futures.

L'analyse des écarts est non seulement rétrospective mais également prospective, car elle fournit des informations précieuses à des fins de prévision et de budgétisation. En comprenant les raisons des écarts, les organisations peuvent affiner leurs futurs plans financiers et fixer des objectifs budgétaires plus réalistes. Par exemple, si un projet de développement logiciel connaît un écart favorable significatif dans les coûts de développement en raison de processus rationalisés ou de frais généraux réduits, l'équipe de projet peut intégrer ces efficacités dans la budgétisation future pour optimiser l'allocation des ressources et améliorer la rentabilité.

En plus des mesures financières, l'analyse des écarts peut également englober des indicateurs non financiers tels que la production, les mesures de qualité ou les scores de satisfaction client. Cette perspective plus large permet aux organisations d'évaluer la performance globale de manière globale et d'identifier les opportunités d'amélioration opérationnelle. Par exemple, une société de services peut effectuer une analyse des écarts sur les temps de réponse du service client, en comparant les performances réelles aux accords de niveau de service (SLA) pour identifier les domaines permettant d'améliorer la prestation de services et la satisfaction du client.

Une analyse des écarts efficace nécessite une communication et une collaboration claires entre les départements et les niveaux organisationnels. Cela implique non seulement les responsables financiers mais également les responsables opérationnels et les chefs de service qui possèdent une connaissance approfondie des processus et des activités spécifiques. Par exemple, les superviseurs de fabrication peuvent fournir des informations sur les écarts de production, tandis que les directeurs commerciaux peuvent expliquer les écarts dans les projections de revenus. Cette approche collaborative garantit que les écarts sont compris, analysés et traités avec précision grâce à des efforts coordonnés et des interventions ciblées.

Chapitre 5 : Gestion du fonds de roulement

a. Gestion des créances

La gestion des créances est un élément essentiel de la gestion financière qui se concentre sur l'optimisation du recouvrement des factures impayées auprès des clients afin de maintenir les flux de trésorerie et de minimiser les créances irrécouvrables. Les comptes clients représentent les montants dus à une entreprise par les clients pour des biens ou des services livrés à des conditions de crédit. Une gestion efficace des créances implique l'établissement de politiques, de procédures et de stratégies pour garantir un paiement en temps opportun et réduire le risque de défaut de paiement.

Un aspect clé de la gestion des créances consiste à établir des politiques et des conditions de crédit claires pour les clients. Cela comprend la définition de limites de crédit en fonction de la solvabilité des clients, la réalisation de vérifications de crédit avant d'accorder un crédit et la définition de conditions de paiement telles que 30 jours nets ou 60 jours nets. Par exemple, un distributeur en gros peut accorder du crédit aux détaillants en fonction de leur stabilité financière et de leur historique de paiement, tandis qu'un éditeur de logiciels peut proposer des services d'abonnement avec des cycles de facturation mensuels et des options de paiement automatisées. Des politiques de crédit claires aident à atténuer le risque de non-paiement et fournissent des lignes directrices pour gérer efficacement le crédit client.

Un autre élément crucial de la gestion des créances est le suivi et l'analyse des calendriers chronologiques pour suivre l'état des factures impayées. Les calendriers chronologiques classent les comptes clients en fonction de la durée pendant laquelle les factures sont en souffrance, par exemple en cours, en souffrance depuis 30 jours, en souffrance depuis 60 jours, etc. Cette analyse permet d'identifier les comptes en souffrance qui nécessitent des efforts de suivi et de recouvrement. Par exemple, un prestataire de soins de santé peut utiliser des calendriers chronologiques pour prioriser les efforts de recouvrement en fonction de l'urgence du paiement et mettre en œuvre des stratégies pour recouvrer rapidement les soldes impayés.

La mise en œuvre de pratiques de facturation et de facturation efficaces est essentielle pour gérer efficacement les créances. Cela comprend l'émission de factures précises et ponctuelles aux clients, détaillant clairement les biens ou services fournis, les dates d'échéance des paiements et toutes les conditions ou remises applicables. Par exemple, un détaillant de commerce électronique peut automatiser la génération et la livraison des factures une fois la commande exécutée, tandis qu'un cabinet de conseil peut inclure des étapes détaillées du projet et des calendriers de paiement dans ses factures. La rationalisation des processus de facturation réduit les erreurs de facturation, améliore la satisfaction des clients et accélère le traitement des paiements, améliorant ainsi la gestion des flux de trésorerie.

Les stratégies de recouvrement proactives font partie intégrante de la gestion des créances et de la réduction des comptes en souffrance. Cela implique d'établir une approche systématique pour suivre les clients sur les factures en souffrance au moyen de rappels, d'appels téléphoniques ou de lettres de relance. Par exemple, une entreprise manufacturière peut mettre en œuvre un processus de recouvrement structuré avec des étapes progressives, telles que des rappels initiaux, suivis d'appels personnels des responsables de comptes, et finalement faire appel à des agences de recouvrement pour les impayés persistants. Ces efforts visent à encourager un paiement rapide, à résoudre les litiges et à entretenir des relations clients positives tout en minimisant le risque de créances irrécouvrables.

L'utilisation de la technologie et de l'automatisation peut rationaliser les processus de gestion des créances et améliorer l'efficacité. Cela comprend la mise en œuvre d'un logiciel de comptabilité avec des modules intégrés de gestion des créances pour suivre les factures, automatiser les rappels de paiement et générer des rapports chronologiques. Par exemple, les plateformes de gestion financière basées sur le cloud permettent aux entreprises de surveiller leurs créances en temps réel, d'automatiser la facturation récurrente et de fournir aux clients des options de paiement en ligne pratiques. Les solutions technologiques améliorent non seulement la précision et la rapidité, mais fournissent également des informations précieuses pour les prévisions et la prise de décision stratégique en matière de gestion des créances.

Enfin, une collaboration efficace entre les équipes financières, commerciales et du service client est essentielle pour une gestion réussie des créances. Une coordination étroite garantit l'alignement des politiques de crédit, la résolution rapide des demandes de renseignements ou des litiges de facturation et des stratégies proactives d'engagement client. Par exemple, les réunions interfonctionnelles et la communication régulière entre les services facilitent une approche holistique de la gestion des relations clients et de l'optimisation des flux de trésorerie. En favorisant une culture de collaboration et de responsabilité, les organisations peuvent renforcer leurs pratiques de gestion des créances et atteindre des performances financières durables tout en répondant aux besoins de leurs clients.

b. Gestion de l'inventaire

La gestion des stocks est un aspect crucial de la gestion opérationnelle et financière qui implique la supervision de l'acquisition, du stockage et de l'utilisation des biens et des matériaux au sein d'une organisation. Une gestion efficace des stocks vise à optimiser les niveaux de stock pour répondre à la demande des clients, minimiser les coûts de possession et maximiser l'efficacité opérationnelle. Il englobe diverses stratégies, processus et techniques pour garantir que les stocks sont gérés efficacement tout au long de leur cycle de vie.

Une stratégie fondamentale dans la gestion des stocks consiste à maintenir un niveau de stock optimal grâce à la prévision de la demande et à la planification des stocks. La prévision de la demande implique de prédire la demande future des clients sur la base de données historiques, des tendances du marché et d'autres facteurs pertinents. Par exemple, une chaîne de vente au détail peut utiliser les données de ventes et les tendances saisonnières pour prévoir la demande de produits spécifiques, ce qui lui permet de stocker des niveaux de stocks adéquats sans surstockage ni sous-stockage. La planification des stocks implique la définition de points de commande, de niveaux de stock de sécurité et de quantités de commande économiques (EOQ) pour garantir que les stocks sont réapprovisionnés en temps opportun pour répondre à la demande des clients tout en minimisant les coûts de possession.

La classification des stocks et l'analyse ABC sont des techniques essentielles utilisées pour prioriser les efforts et les ressources de gestion des stocks. L'analyse ABC classe les articles en stock en fonction de leur valeur et de leur fréquence d'utilisation, généralement en catégories A, B et C. Les articles de catégorie A sont des articles de grande valeur avec une fréquence d'utilisation plus faible mais un impact significatif sur les revenus ou les coûts. Les articles de catégorie B ont une valeur et une utilisation modérées, tandis que les articles de catégorie C sont des articles de faible valeur avec une fréquence d'utilisation élevée. Cette classification aide les organisations à allouer des ressources et à se concentrer sur la gestion plus étroite des articles de grande valeur, par exemple en mettant en œuvre des contrôles d'inventaire plus stricts ou en négociant des remises sur les achats en gros.

Les méthodes de contrôle des stocks, telles que le juste à temps (JIT) et la quantité économique de commande (EOQ), jouent un rôle central dans la minimisation des coûts de détention des stocks tout en garantissant une disponibilité suffisante des stocks. La gestion des stocks JIT vise à réduire les niveaux de stocks en commandant des biens et des matériaux juste à temps pour la production ou la vente, minimisant ainsi les coûts de stockage et l'obsolescence des stocks. Par exemple, les constructeurs automobiles utilisent JIT pour recevoir les pièces et composants des fournisseurs exactement au moment nécessaire pour l'assemblage, minimisant ainsi l'espace d'entrepôt et les coûts de détention des stocks. EOQ, quant à lui, calcule la quantité de commande optimale qui minimise les coûts totaux de stock, y compris les coûts de commande et les coûts de détention. En déterminant l'équilibre idéal entre les coûts de commande et les coûts de possession, les organisations peuvent optimiser leurs processus de gestion des stocks et améliorer leurs performances financières globales.

Les méthodes d'évaluation des stocks, telles que le premier entré, premier sorti (FIFO) et le dernier entré, premier sorti (LIFO), sont essentielles pour l'information financière et la gestion des coûts des stocks. FIFO suppose que les premiers articles achetés ou produits sont les premiers à être vendus ou utilisés, tandis que LIFO suppose que les articles les plus récemment achetés ou produits sont les premiers à être vendus ou utilisés. Ces méthodes ont un impact sur la valorisation des stocks, le coût des marchandises vendues (COGS) et, en fin de compte, sur la rentabilité et les obligations fiscales. Par exemple, une entreprise manufacturière peut utiliser FIFO pour évaluer les stocks afin de refléter avec précision les prix actuels du marché, tandis qu'une entreprise de vente au détail peut préférer LIFO pour réduire le revenu imposable en faisant correspondre les coûts plus élevés avec les revenus actuels.

Les progrès technologiques, tels que les logiciels de gestion des stocks et les systèmes automatisés, ont révolutionné les pratiques de gestion des stocks en améliorant la précision, l'efficacité et la visibilité en temps réel. Ces systèmes facilitent le suivi des stocks, la surveillance des niveaux de stock et la génération de rapports d'inventaire, permettant aux organisations de prendre des décisions éclairées et de répondre rapidement aux changements de la demande ou aux perturbations de la chaîne d'approvisionnement.

Par exemple, la lecture de codes-barres et la technologie RFID rationalisent le comptage des stocks et réduisent les erreurs, tandis que les systèmes intégrés assurent une coordination transparente entre les fonctions de gestion des stocks, de vente et d'approvisionnement. En tirant parti de la technologie, les organisations peuvent optimiser les processus de gestion des stocks, améliorer les taux de rotation des stocks et accroître l'efficacité de la chaîne d'approvisionnement dans l'environnement commercial concurrentiel d'aujourd'hui.

c. Stratégie des comptes créditeurs

La stratégie des comptes créditeurs est un élément essentiel de la gestion financière qui se concentre sur la gestion du processus des comptes créditeurs (AP) pour optimiser les flux de trésorerie, maintenir les relations avec les fournisseurs et améliorer la stabilité financière. Les comptes créditeurs représentent les montants dus par une entreprise aux fournisseurs et vendeurs pour des biens ou des services reçus à crédit. Une stratégie efficace en matière de comptes créditeurs implique l'établissement de politiques, de procédures et d'initiatives stratégiques pour gérer efficacement les comptes créditeurs tout en maximisant les avantages financiers pour l'organisation.

Un aspect fondamental de la stratégie en matière de comptes créditeurs consiste à négocier des conditions de paiement favorables avec les fournisseurs. Cela inclut l'extension des délais de paiement au-delà des 30 jours standard afin d'améliorer la gestion des flux de trésorerie et du fonds de roulement. Par exemple, une entreprise manufacturière peut négocier des conditions de paiement de 60 jours avec ses principaux fournisseurs pour aligner ses sorties de trésorerie sur les cycles de génération de revenus, préservant ainsi ses liquidités pour ses besoins opérationnels ou ses investissements stratégiques. La négociation de conditions de paiement favorables est cruciale pour optimiser les flux de trésorerie et maintenir la flexibilité financière, en particulier en période d'incertitude économique ou de volatilité des marchés.

La mise en œuvre de procédures efficaces de traitement et de paiement des factures est essentielle pour une gestion efficace des dettes. Cela implique de rationaliser les flux de travail d'approbation des factures, de tirer parti de la technologie d'automatisation et de mettre en œuvre des systèmes de paiement électronique pour accélérer le traitement des paiements et réduire les coûts administratifs. Par exemple, l'adoption de la facturation électronique (facturation électronique) et des plateformes de paiement automatisées permet aux organisations de minimiser les erreurs, d'accélérer l'approbation des factures et d'obtenir une plus grande transparence dans la gestion des dettes. Un traitement efficace des factures améliore la satisfaction des fournisseurs, renforce les relations avec les fournisseurs et prend en charge les paiements en temps opportun pour bénéficier des remises pour paiement anticipé ou éviter les pénalités de retard.

La gestion stratégique des fournisseurs est un autre élément clé de la stratégie des comptes créditeurs, qui se concentre sur l'entretien de relations solides avec les fournisseurs pour négocier des prix, des conditions et des termes compétitifs. Cela comprend l'évaluation des performances des fournisseurs, l'évaluation de la qualité et de la fiabilité, et la collaboration sur l'efficacité de la chaîne d'approvisionnement. Par exemple, une chaîne de vente au détail peut s'engager dans des prévisions collaboratives et une planification de la demande avec des fournisseurs clés afin de réduire les délais de livraison, de minimiser les ruptures de stock et d'optimiser les niveaux de stocks. Les partenariats stratégiques avec des fournisseurs améliorent non seulement l'efficacité opérationnelle, mais permettent également aux organisations de négocier des conditions de paiement et des remises avantageuses, optimisant ainsi la gestion des coûts et la rentabilité.

L'optimisation du fonds de roulement grâce à la gestion des dettes implique d'équilibrer les sorties de trésorerie avec les besoins opérationnels et les obligations financières. Cela comprend la gestion des calendriers de paiement pour les aligner sur les prévisions de flux de trésorerie, en hiérarchisant les paiements en fonction de leur importance stratégique et de leur impact financier. Par exemple, une entreprise technologique peut donner la priorité aux paiements des fournisseurs critiques ou aux initiatives stratégiques qui soutiennent la croissance et l'innovation, tout en prolongeant stratégiquement les conditions de paiement pour les dépenses non critiques. En optimisant le fonds de roulement, les organisations peuvent renforcer leurs liquidités, atténuer les risques financiers et améliorer la stabilité financière globale dans des environnements commerciaux dynamiques.

La gestion des risques fait partie intégrante de la stratégie en matière de comptes créditeurs, et se concentre sur l'identification et l'atténuation des risques potentiels associés aux relations avec les fournisseurs et aux processus de paiement. Cela comprend la surveillance de la solvabilité des fournisseurs, l'évaluation de leur santé financière et la mise en œuvre de contrôles pour prévenir la fraude ou les écarts de paiement. Par exemple, effectuer régulièrement des évaluations de crédit des fournisseurs et établir des contrôles internes pour les processus de vérification et d'approbation des factures contribuent à atténuer le risque de pertes financières ou de perturbations opérationnelles. Une gestion efficace des risques dans la stratégie de créditeurs garantit le respect des exigences réglementaires, améliore la transparence et protège les actifs de l'organisation, contribuant ainsi à la croissance et à la résilience durables de l'entreprise.

Enfin, l'amélioration continue et l'innovation sont essentielles à l'évolution de la stratégie de paiement afin de répondre aux besoins changeants de l'entreprise et à la dynamique du marché. Cela implique d'adopter les meilleures pratiques, de tirer parti des avancées technologiques et d'adopter les tendances du secteur pour améliorer l'efficacité, la précision et la réactivité de la gestion des comptes créditeurs. Par exemple, l'intégration d'algorithmes d'intelligence artificielle (IA) et d'apprentissage automatique dans le traitement des factures peut automatiser l'extraction de données, améliorer la précision des factures et optimiser les approbations de paiement. En favorisant une culture d'innovation et d'amélioration continue, les organisations peuvent rationaliser les processus de paiement, favoriser l'excellence opérationnelle et atteindre efficacement leurs objectifs stratégiques sur un marché mondial concurrentiel.

Chapitre 6 : Structure du capital et financement

a. Coût du capital

Le coût du capital est un concept fondamental de la gestion financière qui représente le taux de rendement minimum requis par les investisseurs pour financer une entreprise ou un projet. Il englobe à la fois le coût des capitaux propres et le coût de la dette, reflétant le coût global du financement des opérations et des investissements d'une entreprise. Comprendre et gérer efficacement le coût du capital est essentiel pour prendre des décisions financières éclairées, évaluer les opportunités d'investissement et maximiser la valeur pour les actionnaires.

Le coût des capitaux propres est le rendement que les actionnaires s'attendent à obtenir sur leur investissement dans les actions de l'entreprise. Il est influencé par des facteurs tels que les performances financières de l'entreprise, ses perspectives de croissance et son profil de risque. Une méthode couramment utilisée pour estimer le coût des capitaux propres est le modèle d'évaluation des actifs financiers (CAPM), qui prend en compte le taux de rendement sans risque, le coefficient bêta (risque systématique) et la prime de risque de marché. Par exemple, si le taux sans risque est de 3 %, le bêta de l'entreprise est de 1,2 et la prime de risque de marché est de 7 %, le coût des capitaux propres utilisant le CAPM serait de 3 % + 1,2 * 7 % = 11,4 %. Cela signifie que les actionnaires s'attendent à obtenir un retour sur investissement d'au moins 11,4 % pour compenser le risque associé à l'investissement dans les actions de la société.

Le coût moyen pondéré du capital (WACC) est une mesure globale qui combine le coût des capitaux propres et le coût de la dette en fonction de leur poids respectif dans la structure du capital de l'entreprise. Le WACC reflète le coût moyen des fonds que l'entreprise utilise pour financer ses opérations et ses investissements. Il est calculé comme la somme pondérée du coût des capitaux propres et du coût de la dette après impôts, multipliée par leurs proportions respectives dans la structure du capital. Par exemple, si la structure du capital d'une entreprise est composée à 60 % de capitaux propres avec un coût de 12 % et à 40 % de dette avec un coût de 5 % (après impôts), le WACC serait calculé comme suit : 0,6 * 12 % + 0,4 * 5 %. = 9,2%. Le WACC sert de référence pour évaluer la faisabilité de nouveaux projets ou investissements, car les projets doivent générer des rendements supérieurs au WACC pour créer de la valeur pour les actionnaires.

Le coût d'opportunité du capital est un autre concept lié au coût du capital, représentant le rendement que les investisseurs pourraient obtenir d'investissements alternatifs présentant un risque similaire. Les entreprises doivent obtenir des rendements supérieurs au coût d'opportunité du capital pour justifier leurs investissements dans de nouveaux projets ou extensions. Par exemple, si le WACC d'une entreprise est de 8 %, la direction envisagerait d'investir dans des projets qui promettent des rendements supérieurs à 8 % pour créer de la valeur pour les actionnaires et améliorer la rentabilité globale. L'évaluation des projets en fonction de leur capacité à générer des rendements supérieurs au coût d'opportunité du capital garantit que les ressources sont allouées efficacement et maximise la performance financière de l'entreprise au fil du temps.

Le coût du capital varie selon les secteurs et les entreprises en raison des différences de profils de risque, de conditions de marché et de structures de capital. Les secteurs à haut risque, comme les startups technologiques, peuvent avoir des coûts de capital plus élevés que les secteurs stables et matures comme les services publics ou les biens de consommation de base. De même, les entreprises ayant un endettement plus élevé ou des notations de crédit plus faibles peuvent être confrontées à des coûts d'endettement plus élevés en raison du risque accru perçu par les investisseurs. Comprendre les références du coût du capital spécifiques au secteur et les facteurs influençant le coût du capital permet aux entreprises de prendre des décisions éclairées concernant les options de financement, les investissements en capital et les initiatives stratégiques visant à maximiser la valeur actionnariale et la croissance durable.

b. Effet de levier et risque

L'effet de levier et le risque sont des concepts interdépendants dans la gestion financière qui jouent un rôle important dans l'élaboration de la structure du capital et de la santé financière d'une entreprise. L'effet de levier fait référence à l'utilisation du financement par emprunt pour financer les opérations et les investissements, permettant aux entreprises d'amplifier le rendement des capitaux propres grâce à l'emprunt. Même si l'effet de levier peut améliorer la rentabilité et les rendements pour les actionnaires dans des conditions économiques favorables, il introduit également un risque financier et des vulnérabilités potentielles en cas de ralentissement économique ou de conditions de marché défavorables.

Une mesure de l'effet de levier est le ratio d'endettement, qui compare la dette totale d'une entreprise aux capitaux propres de ses actionnaires. Un ratio d'endettement plus élevé indique qu'une entreprise a financé une plus grande partie de ses actifs avec de la dette plutôt qu'avec des capitaux propres. Par exemple, si une entreprise a une dette totale de 10 millions de dollars et des capitaux propres de

5 millions de dollars, son ratio d'endettement serait de 2 : 1.

Le levier financier, ou levier d'exploitation, fait référence à l'utilisation de coûts fixes pour amplifier les effets des variations des ventes ou du résultat opérationnel sur le bénéfice par action (BPA). Par exemple, une entreprise qui émet des obligations pour financer des projets d'expansion peut augmenter son BPA si le rendement des projets dépasse le coût du financement par emprunt.

Le risque associé à l'effet de levier comprend à la fois le risque financier et le risque opérationnel. Le risque financier fait référence à l'incapacité potentielle d'une entreprise à honorer ses dettes, conduisant à la faillite ou à des difficultés financières. Le risque opérationnel découle des fluctuations des ventes, des changements dans les conditions du marché ou des coûts inattendus qui ont un impact sur la capacité d'une entreprise à générer des flux de trésorerie suffisants pour rembourser sa dette. Par exemple, un détaillant très endetté peut être confronté à un risque opérationnel en période de ralentissement économique lorsque les dépenses de consommation diminuent, ce qui affecte ses ventes et sa rentabilité.

La gestion de l'effet de levier et du risque nécessite une approche équilibrée de la structure du capital et de la gestion financière. Les entreprises doivent prendre en compte des facteurs tels que la dynamique du secteur, les cycles économiques et les perspectives de croissance lorsqu'elles déterminent les niveaux d'endettement optimaux. Les stratégies visant à atténuer le risque de levier comprennent le maintien de réserves de trésorerie adéquates, la diversification des sources de financement et l'alignement des profils d'échéance de la dette sur les attentes en matière de flux de trésorerie. Par exemple, les entreprises peuvent recourir à des clauses restrictives pour imposer une discipline financière et garantir le respect des conditions de remboursement de la dette, réduisant ainsi le risque de défaut et préservant leur solvabilité.

Chapitre 7 : Valorisation de l'Entreprise

a. Méthodes d'évaluation

Les méthodes d'évaluation sont des outils essentiels en finance utilisés pour déterminer la valeur des actifs, des entreprises ou des instruments financiers. Ces méthodes sont cruciales pour prendre des décisions d'investissement éclairées, pour les fusions et acquisitions, pour l'information financière et pour évaluer la juste valeur des actifs à des fins comptables. Il existe diverses approches de valorisation, chacune adaptée à différents types d'actifs et contextes, allant de l'analyse des flux de trésorerie actualisés (DCF) aux méthodes de valorisation relative telles que l'analyse des multiples et la valorisation basée sur les actifs.

L'analyse des flux de trésorerie actualisés (DCF) est une méthode d'évaluation largement utilisée qui estime la valeur actuelle des flux de trésorerie futurs générés par un actif ou une entreprise. Cela implique de projeter les flux de trésorerie futurs, de les actualiser à leur valeur actuelle à l'aide d'un taux d'actualisation (tel que le coût du capital ou WACC) et de les additionner pour obtenir la valeur intrinsèque de l'actif. Par exemple, lors de l'évaluation d'une entreprise, les analystes prévoient ses flux de trésorerie futurs en fonction de la croissance des revenus, des dépenses d'exploitation et des dépenses en capital, en actualisant ces flux de trésorerie à leur valeur actuelle en utilisant un taux d'actualisation approprié. L'analyse DCF fournit une vue complète de la performance financière et du potentiel d'un actif, en tenant compte à la fois des projections quantitatives et des facteurs de risque affectant les attentes en matière de flux de trésorerie.

Les méthodes d'évaluation relative comparent la valorisation d'un actif à celle d'actifs similaires sur le marché, en utilisant des multiples tels que le rapport cours/bénéfice (P/E), le prix/ventes (P/S) ou la valeur d'entreprise/EBITDA (EV/EBITDA). Ces méthodes sont couramment utilisées dans l'évaluation des actions pour évaluer si une action est surévaluée ou sous-évaluée par rapport à ses pairs ou aux indices de référence du secteur. Par exemple, les actions d'une entreprise technologique peuvent être évaluées à l'aide d'un ratio P/E par rapport à d'autres sociétés du secteur, reflétant les attentes des investisseurs en matière de croissance des bénéfices et de rentabilité futures. Les méthodes d'évaluation relative fournissent des informations sur le sentiment du marché, les tendances du secteur et les perceptions des investisseurs qui influencent la tarification des actifs sur les marchés concurrentiels.

Les méthodes d'évaluation basées sur les actifs estiment la valeur d'un actif ou d'une entreprise sur la base de la valeur sous-jacente de ses actifs corporels et incorporels, ajustée des passifs. Cette approche est particulièrement pertinente pour valoriser des entreprises possédant des actifs physiques, une propriété intellectuelle ou une valeur de marque importants. Par exemple, l'évaluation basée sur les actifs d'une entreprise manufacturière peut inclure la valeur marchande de ses biens immobiliers, de ses machines, de ses stocks, de ses brevets et de ses marques, moins les dettes telles que les prêts ou les comptes créditeurs. Les méthodes d'évaluation basées sur les actifs fournissent une estimation prudente de la valeur, en se concentrant sur la valeur intrinsèque des actifs corporels et des droits de propriété intellectuelle qui contribuent à la valeur globale de l'entreprise.

Les méthodes d'évaluation selon l'approche de marché s'appuient sur des transactions de marché et des données de ventes comparables pour déterminer la juste valeur marchande d'un actif. Cette approche est couramment utilisée dans l'évaluation de biens immobiliers et d'entreprises, où les prix de vente récents de propriétés ou d'entreprises similaires sont analysés pour estimer la valeur. Par exemple, les évaluateurs peuvent utiliser les données de ventes récentes de maisons comparables dans le même quartier pour déterminer la valeur marchande d'une propriété. Les méthodes d'évaluation fondées sur l'approche de marché fournissent une référence pour la tarification des actifs sur la base de transactions de marché réelles, reflétant la dynamique de l'offre et de la demande, les préférences des acheteurs et les conditions économiques affectant les prix des actifs.

Les méthodes d'évaluation fondées sur l'approche par le revenu évaluent la valeur d'un actif en fonction de son potentiel de revenu attendu ou de génération de flux de trésorerie.

Cette approche est appliquée aux actifs générateurs de revenus tels que les immeubles locatifs, les obligations ou les entreprises dont la valorisation est dérivée des flux de revenus projetés. Par exemple, les propriétés immobilières commerciales sont souvent évaluées sur la base de leur résultat opérationnel net (NOI), en appliquant un taux de capitalisation (taux de capitalisation) pour estimer la valeur de la propriété. Les méthodes d'évaluation fondées sur l'approche par le revenu quantifient les avantages économiques découlant de la possession de l'actif, en tenant compte de facteurs tels que les revenus locatifs, les taux d'occupation et les dépenses d'exploitation qui ont un impact sur les projections de flux de trésorerie.

Les méthodes d'évaluation comprennent également des approches hybrides qui combinent des éléments de plusieurs techniques d'évaluation pour améliorer l'exactitude et la fiabilité de la détermination de la valeur des actifs. Ces méthodes hybrides peuvent intégrer des éléments d'analyse DCF, d'évaluation relative, d'évaluation basée sur les actifs et d'approche de marché pour répondre à des défis d'évaluation spécifiques ou à des caractéristiques uniques de l'actif. Par exemple, lors de l'évaluation d'une société privée avec des comparables de marché limités, les analystes peuvent utiliser une combinaison d'analyse DCF pour estimer la valeur intrinsèque et la valorisation relative afin de se comparer à ses pairs du secteur. Les méthodes d'évaluation hybrides offrent flexibilité et personnalisation pour s'adapter à divers scénarios d'évaluation, garantissant une analyse complète et une prise de décision éclairée dans les transactions et investissements financiers complexes.

b. Analyse des flux de trésorerie actualisés

L'analyse des flux de trésorerie actualisés (DCF) est une méthode d'évaluation robuste largement utilisée en finance pour estimer la valeur actuelle des flux de trésorerie futurs générés par un investissement, un actif ou une entité commerciale. Elle repose sur le principe selon lequel la valeur actuelle d'un actif est la somme de ses flux de trésorerie futurs attendus, actualisés à leur valeur actuelle à l'aide d'un taux d'actualisation approprié. L'analyse DCF est essentielle pour les processus décisionnels tels que l'évaluation des investissements, l'évaluation des entreprises, la budgétisation des investissements et la planification stratégique.

Le fondement de l'analyse DCF réside dans la projection des flux de trésorerie futurs sur une période définie, allant généralement de plusieurs années à plusieurs décennies, en fonction du cycle de vie de l'actif et de la dynamique du secteur. Par exemple, lors de l'évaluation d'un projet d'infrastructure, les analystes prévoient les flux de trésorerie en tenant compte des flux de revenus, des dépenses d'exploitation, des dépenses en capital et de la valeur finale à la fin de la période de projection. Ces projections de flux de trésorerie sont essentielles car elles constituent la base du calcul de la valeur intrinsèque de l'investissement ou de l'actif évalué.

L'actualisation des flux de trésorerie futurs à leur valeur actuelle est un principe fondamental de l'analyse DCF, reflétant la valeur temporelle de l'argent. Le taux d'actualisation appliqué dans l'analyse DCF représente le taux de rendement requis ou le coût d'opportunité du capital, en tenant compte de facteurs tels que le profil de risque de l'actif, les conditions du marché et les coûts de financement. Les taux d'actualisation couramment utilisés incluent le coût du capital de l'entreprise, le coût moyen pondéré du capital (WACC) ou un taux d'actualisation ajusté au risque basé sur les caractéristiques de risque spécifiques de l'actif.

Par exemple, un projet à haut risque peut justifier un taux d'actualisation plus élevé pour refléter son incertitude et la volatilité potentielle des projections de flux de trésorerie.

L'estimation de la valeur terminale est un autre élément essentiel de l'analyse DCF, représentant la valeur d'un investissement ou d'une entreprise au-delà de la période de prévision explicite. La valeur terminale est généralement déterminée à l'aide de la méthode de croissance perpétuelle ou de la méthode de sortie multiple. La méthode de croissance perpétuelle suppose que les flux de trésorerie se poursuivent indéfiniment à un taux de croissance stable au-delà de la période de prévision, actualisés à leur valeur actuelle. La méthode du multiple de sortie applique un multiple basé sur le marché (par exemple, le multiple de l'EBITDA) aux flux de trésorerie prévus au cours de l'année terminale pour estimer la valeur finale. La valeur terminale représente le potentiel de gain à long terme de l'actif et influence considérablement sa valorisation globale dans l'analyse DCF.

L'analyse de sensibilité et la modélisation de scénarios sont des techniques essentielles utilisées pour évaluer la robustesse et la sensibilité des valorisations DCF aux changements d'hypothèses ou de variables clés. L'analyse de sensibilité implique de faire varier une ou plusieurs données d'entrée, telles que le taux d'actualisation, les taux de croissance ou les hypothèses de valeur terminale, pour évaluer leur impact sur la valeur actuelle estimée. Par exemple, les analystes peuvent effectuer une analyse de sensibilité pour déterminer comment les changements dans la croissance des revenus ou le taux d'actualisation affectent la valorisation d'un nouveau projet de développement de produits. La modélisation de scénarios étend l'analyse de sensibilité en explorant différents scénarios ou résultats basés sur diverses hypothèses, fournissant ainsi aux décideurs un aperçu des risques et opportunités potentiels associés à l'investissement ou au projet.

L'analyse DCF est soumise à certaines limites et défis, notamment le recours à des projections de flux de trésorerie précises et fiables, le choix de taux d'actualisation appropriés et l'incertitude inhérente à la prévision des événements et des conditions économiques futurs. Malgré ces défis, l'analyse DCF reste un outil puissant pour évaluer la valeur intrinsèque des investissements et orienter les décisions stratégiques en matière de financement d'entreprise, de fusions et acquisitions et d'allocation de capital. En intégrant une modélisation financière rigoureuse, une évaluation complète des risques et une analyse de scénarios, l'analyse DCF permet aux parties prenantes de prendre des décisions éclairées qui maximisent la création de valeur, atténuent les risques et s'alignent sur les objectifs organisationnels dans des environnements commerciaux dynamiques et compétitifs.

c. Techniques d'évaluation du marché

Les techniques d'évaluation boursière sont des outils fondamentaux en finance utilisés pour déterminer la valeur d'actifs, de titres ou d'entreprises sur la base de transactions de marché et de données comparables. Ces techniques s'appuient sur des indicateurs basés sur le marché et des multiples de valorisation pour évaluer la juste valeur marchande d'un actif par rapport à des actifs ou des indices de référence similaires sur le marché. Les techniques d'évaluation boursière sont largement utilisées dans l'évaluation des actions, l'évaluation des biens immobiliers, les transactions commerciales et l'information financière pour éclairer les décisions d'investissement, les fusions et acquisitions et la planification stratégique.

L'une des principales techniques d'évaluation du marché consiste à utiliser des multiples de prix, tels que le rapport cours/bénéfice (P/E), le prix/ventes (P/S) et la valeur d'entreprise/EBITDA (EV/EBITDA). ratios. Les multiples de prix comparent le prix de marché d'un actif, généralement une action ou une entreprise, à une mesure financière spécifique dérivée de ses états financiers. Par exemple, le ratio P/E divise le prix actuel du marché par action d'une entreprise par son bénéfice par action (BPA), ce qui donne un aperçu du montant que les investisseurs sont prêts à payer par unité de bénéfice généré par l'entreprise. Des multiples plus élevés peuvent indiquer des attentes favorables du marché concernant les perspectives de croissance, la rentabilité ou le leadership du secteur.

Une autre technique d'évaluation du marché consiste à utiliser des transactions antérieures ou une analyse d'entreprise comparable. Les transactions précédentes impliquent l'analyse de transactions ou d'acquisitions récentes de sociétés similaires dans le secteur afin d'en dériver des multiples de valorisation ou des références de prix. Par exemple, les banquiers d'investissement peuvent utiliser les fusions ou acquisitions récentes dans le secteur technologique pour établir des multiples de valorisation d'une entreprise cible en fonction des valeurs de transaction par rapport à des indicateurs financiers tels que les revenus, l'EBITDA ou la clientèle. L'analyse des sociétés comparables applique des principes similaires en comparant les multiples de valorisation de sociétés cotées en bourse ayant des modèles commerciaux, une taille et des caractéristiques de marché similaires.

La capitalisation boursière est une technique simple d'évaluation boursière utilisée pour déterminer la valeur totale d'une société cotée en bourse sur la base du cours actuel de ses actions multiplié par le nombre d'actions en circulation. La capitalisation boursière reflète la valeur marchande globale attribuée à une entreprise par les investisseurs et sert d'indicateur principal de sa taille et de sa valorisation relative au sein du marché boursier. Par exemple, une entreprise avec une capitalisation boursière de 1 milliard de dollars est considérée comme plus grande et potentiellement plus précieuse qu'une entreprise avec une capitalisation boursière de 100 millions de dollars, en supposant que tous les autres facteurs soient égaux.

L'analyse des flux de trésorerie actualisés (DCF), bien qu'elle soit avant tout une méthode d'évaluation fondamentale, intègre des hypothèses basées sur le marché et des considérations relatives à la valeur terminale dans son application. L'analyse DCF estime la valeur actuelle des flux de trésorerie futurs actualisés à un taux de rendement requis, reflétant la valeur temporelle de l'argent et le risque des actifs. L'estimation de la valeur terminale dans l'analyse DCF intègre souvent des hypothèses basées sur le marché, telles que les taux de croissance à perpétuité ou les multiples de sortie, pour déterminer la valeur résiduelle de l'actif au-delà de la période de prévision explicite. En intégrant des données et des références dérivées du marché, l'analyse DCF améliore la précision et la fiabilité de ses résultats d'évaluation, en particulier dans la projection de la performance financière et de la valeur stratégique à long terme.

Les techniques d'évaluation boursière ne sont pas sans limites et sans considérations. La variabilité des conditions de marché, du sentiment des investisseurs et des cycles économiques peut avoir un impact sur l'exactitude et la pertinence des multiples de valorisation dérivés des transactions de marché ou des références de tarification. En outre, les différences dans les politiques comptables, les modèles économiques et les trajectoires de croissance entre des sociétés comparables peuvent compliquer l'interprétation et l'applicabilité des mesures de valorisation boursière. Malgré ces défis, les techniques d'évaluation du marché fournissent des informations précieuses sur la dynamique du marché, les perceptions des investisseurs et les tendances des prix des actifs qui éclairent les décisions stratégiques et améliorent l'analyse financière dans divers secteurs de l'économie mondiale.

Chapitre 8 : Fusions et acquisitions

a. Stratégies de fusions et acquisitions

Les stratégies de fusions et acquisitions (M&A) font partie intégrante des initiatives de croissance et d'expansion stratégique d'entreprise visant à améliorer la position sur le marché, la rentabilité et la valeur pour les actionnaires. Les stratégies de fusions et acquisitions englobent une gamme d'activités, notamment les fusions, les acquisitions, les cessions et les alliances stratégiques, chacune étant conçue pour atteindre des objectifs commerciaux spécifiques et capitaliser sur les opportunités du marché. Ces stratégies sont essentielles pour remodeler les paysages industriels, consolider les parts de marché, accéder à de nouvelles technologies ou à de nouveaux marchés et réaliser des économies d'échelle et des synergies.

L'une des stratégies de fusion et acquisition les plus répandues est l'intégration horizontale, dans laquelle les entreprises fusionnent ou acquièrent des concurrents opérant dans le même secteur ou segment de marché. L'intégration horizontale vise à renforcer la position sur le marché, à élargir la clientèle et à atteindre l'efficacité opérationnelle grâce à la consolidation des ressources et à la réduction des pressions concurrentielles. Par exemple, dans le secteur des télécommunications, la fusion de deux opérateurs de réseaux mobiles permet une infrastructure combinée, une couverture étendue et des offres de services améliorées, améliorant ainsi le positionnement concurrentiel et la part de marché.

L'intégration verticale est une autre approche stratégique en matière de fusions et acquisitions dans laquelle les entreprises acquièrent des fournisseurs ou des distributeurs au sein de leur chaîne de valeur industrielle.

L'intégration verticale vise à rationaliser les opérations, à réduire les coûts et à mieux contrôler les activités de la chaîne d'approvisionnement. Par exemple, une entreprise de vente au détail peut acquérir une usine de fabrication pour garantir un approvisionnement stable en produits, contrôler les normes de qualité et générer des marges supplémentaires tout au long de la chaîne de distribution. L'intégration verticale améliore la flexibilité opérationnelle et atténue les risques liés à la chaîne d'approvisionnement, améliorant ainsi l'efficacité et la compétitivité globales de l'entreprise.

Les stratégies d'extension ou de diversification du marché impliquent des activités de fusion et d'acquisition visant à pénétrer de nouveaux marchés ou à diversifier les portefeuilles de produits afin de capitaliser sur les opportunités de croissance en dehors du cœur de métier de l'entreprise. Cette stratégie permet aux entreprises de tirer parti des capacités existantes, des relations clients et du capital de marque pour se développer sur des marchés ou des secteurs adjacents. Un exemple est celui d'une société pharmaceutique qui acquiert une entreprise de biotechnologie pour accéder à des pipelines de médicaments innovants ou à des technologies qui complètent son portefeuille de produits existant, améliorant ainsi les perspectives de croissance et réduisant la dépendance à l'égard de segments de marché spécifiques.

La réalisation de synergies est un moteur clé de nombreuses stratégies de fusions et acquisitions, visant à obtenir des avantages synergiques qui dépassent la somme des capacités ou des opérations individuelles. Les synergies peuvent être réalisées grâce à des économies de coûts, des améliorations des revenus ou des efficacités opérationnelles dérivées de ressources combinées, de forces complémentaires et de capacités partagées. Par exemple, la fusion de deux départements de recherche et développement (R&D) dans l'industrie pharmaceutique peut accélérer l'innovation, réduire la duplication des efforts et accélérer la mise sur le marché des découvertes de nouveaux médicaments. La réalisation de synergies améliore la compétitivité, accélère la croissance et crée de la valeur pour les parties prenantes en optimisant les performances opérationnelles et en tirant parti des forces combinées.

La restructuration financière par le biais de fusions et acquisitions implique des stratégies visant à améliorer la performance financière, à renforcer la structure du capital ou à libérer de la valeur pour les actionnaires grâce à des activités de restructuration telles que des scissions, des cessions ou des ventes d'actifs. Par exemple, un conglomérat peut céder ses activités non essentielles pour rationaliser ses opérations, réduire sa dette et concentrer ses ressources sur des activités principales présentant un potentiel de croissance plus élevé. Les stratégies de restructuration financière visent à améliorer la flexibilité financière, à réduire les coûts d'exploitation et à optimiser l'allocation du capital, améliorant ainsi les rendements pour les actionnaires et la rentabilité dans des environnements de marché concurrentiels.

L'intégration culturelle est un aspect essentiel des stratégies de fusion et acquisition réussies, en se concentrant sur l'alignement des cultures organisationnelles, des valeurs et des attentes des employés pour faciliter l'intégration post-fusion et la réalisation de synergies. L'intégration culturelle implique de favoriser une communication ouverte, d'instaurer la confiance et de promouvoir une vision et des objectifs communs entre les employés issus de différents horizons organisationnels. Par exemple, lors de la fusion de deux institutions financières mondiales, les initiatives d'intégration culturelle peuvent inclure des équipes interfonctionnelles, des ateliers de leadership et des programmes d'engagement des employés pour favoriser la collaboration, atténuer les barrières culturelles et maintenir la cohésion organisationnelle tout au long du processus d'intégration.

b. Vérifications nécessaires

La diligence raisonnable est un processus complet d'enquête et d'analyse entrepris par des acquéreurs, des investisseurs ou des prêteurs potentiels pour évaluer les aspects financiers, juridiques, opérationnels et stratégiques d'une entreprise cible ou d'une opportunité d'investissement. Il s'agit d'une étape critique dans les processus décisionnels tels que les fusions et acquisitions (M&A), les investissements en capital-risque, les transactions de capital-investissement et les partenariats stratégiques. La diligence raisonnable vise à découvrir les risques potentiels, les opportunités et les implications financières associés à la transaction, garantissant une prise de décision éclairée et une atténuation des risques.

La due diligence financière consiste à évaluer la santé financière et les performances de la société cible par un examen approfondi de ses états financiers, de ses pratiques comptables, de ses performances financières historiques et de ses projections financières futures. Par exemple, les analystes financiers examinent les comptes de résultat, les bilans et les tableaux de flux de trésorerie pour évaluer les tendances de rentabilité, la situation de liquidité, les niveaux d'endettement et la structure du capital. La due diligence financière vise à valider les données financières, à identifier les écarts ou irrégularités potentielles et à vérifier l'exactitude des informations financières afin d'évaluer la stabilité financière et la durabilité de la société cible.

La due diligence juridique se concentre sur l'évaluation de la conformité légale et réglementaire de l'entreprise cible, y compris sa structure de gouvernance d'entreprise, ses obligations contractuelles, les risques de litige, ses droits de propriété intellectuelle et ses dépôts réglementaires. Les experts juridiques procèdent à un examen détaillé des contrats, licences, brevets, marques et autres documents juridiques pour identifier les responsabilités potentielles, les litiges juridiques ou les problèmes de conformité qui pourraient avoir un impact sur la transaction. Par exemple, lors de l'acquisition d'une startup technologique, la diligence raisonnable garantit que le portefeuille de propriété intellectuelle de l'entreprise est correctement protégé et qu'il n'y a pas de poursuites en cours qui pourraient entraver les opérations futures ou les performances financières.

La diligence raisonnable opérationnelle examine les capacités opérationnelles, l'efficacité et l'évolutivité des opérations commerciales de l'entreprise cible. Cela comprend l'évaluation des processus opérationnels clés, de la gestion de la chaîne d'approvisionnement, des installations de fabrication, de l'infrastructure informatique et des pratiques en matière de ressources humaines. La due diligence opérationnelle vise à évaluer les forces et les faiblesses opérationnelles de l'entreprise cible, à identifier les opportunités d'améliorations opérationnelles ou de synergies post-acquisition et à évaluer l'impact potentiel sur la continuité des activités et les relations clients. Par exemple, lors de l'acquisition d'une entreprise manufacturière, la diligence raisonnable opérationnelle peut se concentrer sur la capacité de production, les mesures de contrôle de la qualité et les canaux de distribution pour garantir l'alignement avec les objectifs stratégiques de l'acheteur.

La due diligence commerciale implique l'analyse de la dynamique du marché, des tendances du secteur, du paysage concurrentiel, des relations clients et des perspectives de croissance des produits ou services de l'entreprise cible. Les analystes de marché effectuent des études de marché, des enquêtes auprès des clients et des analyses des concurrents pour évaluer le positionnement sur le marché, les stratégies de tarification, les canaux de vente et le potentiel de croissance des revenus. La due diligence commerciale vise à valider les hypothèses du marché, à identifier les opportunités de croissance, à évaluer les menaces concurrentielles et à déterminer l'attractivité des offres de l'entreprise cible sur le marché. Par exemple, avant d'investir dans une start-up de soins de santé, la diligence raisonnable commerciale peut impliquer d'évaluer la demande du marché pour ses dispositifs médicaux innovants, sa différenciation concurrentielle et les délais d'approbation réglementaire.

La due diligence stratégique aligne l'opportunité d'acquisition ou d'investissement sur les objectifs stratégiques de l'acheteur, sa culture d'entreprise et sa stratégie de croissance à long terme. Cela implique d'évaluer les synergies, les défis d'intégration, l'adéquation stratégique et l'alignement des objectifs entre l'entreprise acquéreuse et l'entité cible. La due diligence stratégique vise à évaluer dans quelle mesure la transaction s'aligne sur les plans d'expansion de l'acheteur, améliore l'avantage concurrentiel et crée de la valeur pour les actionnaires. Par exemple, dans le cadre d'une fusion entre deux sociétés de télécommunications, la diligence raisonnable stratégique évalue les synergies dans l'infrastructure réseau, le chevauchement de la clientèle et les économies potentielles résultant de l'efficacité opérationnelle pour justifier la justification stratégique de la transaction.

Le devoir de diligence environnementale, sociale et de gouvernance (ESG) a pris de l'importance à mesure que les entreprises accordent de plus en plus d'importance à la durabilité, aux pratiques éthiques et à la responsabilité d'entreprise dans leurs opérations commerciales. La diligence raisonnable ESG évalue l'impact environnemental, les politiques sociales, les relations avec les employés, les pratiques de gouvernance d'entreprise et le respect des normes éthiques de l'entreprise cible. Il vise à évaluer les risques ESG, le respect des exigences réglementaires, les risques de réputation et les responsabilités potentielles associées à des controverses environnementales ou sociales. Par exemple, la diligence raisonnable ESG peut révéler des problèmes liés aux émissions de carbone, aux pratiques de sécurité sur le lieu de travail, aux politiques de diversité et d'inclusion ou à la composition du conseil d'administration qui pourraient avoir un impact sur la réputation de l'acheteur ou la perception des investisseurs.

c. Intégration post-fusion

L'intégration post-fusion (PMI) est une phase critique après la réalisation d'une transaction de fusion ou d'acquisition (M&A), visant à combiner les opérations, les ressources, les cultures et les systèmes des entités fusionnées pour réaliser des synergies et maximiser la valeur de l'ensemble combiné. organisation. PMI implique une approche structurée pour harmoniser les processus métier, aligner les objectifs organisationnels et optimiser les performances dans les domaines fonctionnels tels que la finance, les opérations, le marketing, les ressources humaines et les technologies de l'information. Des stratégies PMI efficaces sont essentielles pour atteindre les objectifs stratégiques de l'opération de fusion et acquisition et assurer une transition transparente pour les employés, les clients et les parties prenantes.

L'un des aspects clés de l'intégration post-fusion est l'alignement culturel et la gestion du changement organisationnel. Les fusions rassemblent souvent des employés issus de cultures d'entreprise, de valeurs et d'environnements de travail différents, créant ainsi des défis en matière de promotion de la cohésion et de la collaboration. Les efforts d'intégration culturelle se concentrent sur la promotion d'une vision, de valeurs et d'une identité d'entreprise communes au sein de l'organisation combinée. Par exemple, les équipes de direction peuvent participer à des ateliers culturels, à des assemblées publiques des employés et à des activités de consolidation d'équipe interfonctionnelles pour instaurer la confiance, atténuer les différences culturelles et créer une culture organisationnelle unifiée qui soutient l'alignement stratégique et l'efficacité opérationnelle.

L'intégration opérationnelle est un autre élément essentiel du PMI, impliquant la consolidation des opérations commerciales, des processus et des systèmes pour réaliser des économies d'échelle, réduire la duplication et optimiser l'utilisation des ressources. Les efforts d'intégration opérationnelle peuvent inclure la rationalisation des chaînes d'approvisionnement, la consolidation des installations de fabrication, la standardisation des plates-formes informatiques et la centralisation des fonctions de back-office. Par exemple, dans le cadre de la fusion de deux sociétés pharmaceutiques, l'intégration opérationnelle peut se concentrer sur l'intégration des efforts de recherche et développement, l'alignement des processus de production et l'optimisation des canaux de distribution afin d'améliorer les capacités de développement de produits et la compétitivité du marché.

L'intégration financière joue un rôle central dans le PMI en alignant les systèmes de reporting financier, les pratiques comptables et les mesures de performance pour faciliter une consolidation et un reporting financiers précis. Les efforts d'intégration financière comprennent l'harmonisation des politiques comptables, l'intégration des processus de budgétisation et de prévision et l'alignement des contrôles financiers et des cadres de gouvernance. Par exemple, lors de la fusion de deux institutions financières, l'intégration financière peut impliquer le rapprochement des bilans, l'intégration des systèmes de gestion des risques et l'optimisation des stratégies d'allocation du capital pour améliorer la transparence financière, la conformité réglementaire et la création de valeur pour les actionnaires.

Les stratégies d'intégration et de fidélisation des clients sont essentielles dans PMI pour minimiser les perturbations et maintenir la fidélité des clients tout au long du processus d'intégration. Les entreprises s'efforcent de communiquer efficacement avec les clients, de répondre aux préoccupations et d'assurer la continuité du service ou de la livraison des produits. Les efforts d'intégration des clients peuvent inclure des opportunités de ventes croisées, l'intégration du système de gestion de la relation client (CRM) et des initiatives marketing personnalisées pour améliorer la satisfaction et la fidélisation des clients. Par exemple, dans le cadre de la fusion de deux sociétés de télécommunications, les stratégies d'intégration des clients peuvent impliquer la consolidation des offres de services, l'amélioration de la couverture réseau et l'amélioration des capacités de support client afin d'offrir une valeur supérieure et de conserver un avantage concurrentiel sur le marché.

La fidélisation des employés et la gestion des talents sont des considérations essentielles dans PMI pour retenir les talents clés, atténuer l'incertitude de la main-d'œuvre et favoriser une main-d'œuvre productive et engagée. Les entreprises développent des stratégies complètes de rétention, des programmes de développement de carrière et des systèmes de gestion des performances pour soutenir la transition et l'intégration des employés. Les efforts d'intégration des employés peuvent inclure des programmes de développement du leadership, des initiatives de formation professionnelle et des forums de communication pour promouvoir la transparence, l'évolution de carrière et l'engagement organisationnel. Par exemple, dans le cadre de la fusion de deux entreprises technologiques, les stratégies d'intégration des employés peuvent se concentrer sur l'alignement des structures de rémunération, la clarification des parcours de carrière et la promotion d'un environnement de travail collaboratif afin de retenir les meilleurs talents et de stimuler l'innovation au sein de l'organisation combinée.

L'alignement stratégique et la réalisation de synergies sont des objectifs primordiaux de PMI, visant à capturer des avantages synergiques, à atteindre les objectifs stratégiques et à accroître la valeur pour les actionnaires. Les entreprises donnent la priorité aux efforts d'intégration qui soutiennent les initiatives stratégiques, capitalisent sur les opportunités du marché et optimisent l'efficacité opérationnelle. Les efforts d'alignement stratégique peuvent inclure des séances de planification stratégique, des stratégies d'optimisation de portefeuille et des cadres de mesure des performances pour surveiller les progrès et les résultats de l'intégration. En gérant efficacement l'intégration post-fusion, les entreprises peuvent tirer parti des synergies, minimiser les perturbations et positionner l'organisation combinée pour une croissance durable, un avantage concurrentiel et un succès à long terme sur des marchés mondiaux en évolution.

CONCLUSION

En conclusion, ce livre a exploré le paysage complexe de la finance d'entreprise, en approfondissant les principes, stratégies et techniques essentiels qui sous-tendent une gestion financière efficace au sein des organisations. Tout au long de ses chapitres, le livre a abordé des aspects critiques tels que l'analyse financière, la budgétisation, les prévisions et l'interprétation des états financiers. Il a fourni des informations sur les ratios financiers clés, les décisions en matière de structure du capital et les méthodes d'évaluation essentielles pour prendre des décisions commerciales éclairées et évaluer les performances.

En outre, le livre a examiné les dimensions stratégiques de la finance, notamment les fusions et acquisitions, l'intégration post-fusion et la gestion du fonds de roulement. Il a souligné l'importance de la diligence raisonnable, de la gestion des risques et de la conformité réglementaire dans les transactions financières, en soulignant l'importance des pratiques éthiques et de la gouvernance d'entreprise.

De plus, les discussions sur la stratégie financière et l'évaluation des investissements ont souligné la nécessité d'aligner les objectifs financiers sur les objectifs organisationnels et les opportunités de marché. L'exploration des marchés financiers, des techniques d'évaluation et de la budgétisation des investissements a doté les lecteurs d'outils pour naviguer dans des paysages financiers complexes et optimiser l'allocation des ressources.

En fin de compte, ce livre constitue un guide complet pour les praticiens, les gestionnaires, les étudiants et toute personne intéressée à comprendre les nuances de la finance d'entreprise. En mélangeant des fondements théoriques avec des idées pratiques et des exemples concrets, il vise à permettre aux lecteurs de prendre des décisions financières judicieuses, de favoriser la croissance organisationnelle et de favoriser la création de valeur durable dans l'environnement commercial dynamique d'aujourd'hui.

www.ingramcontent.com/pod-product-compliance
Lightning Source LLC
Chambersburg PA
CBHW071832210526
45479CB00001B/109